KLASSIEK GEBAK

KÖNEMANN

Klassieke biscuittaart

Voorbereidingstijd:
20 minuten
Baktijd:
20 minuten

Voor een ronde, gevulde taart van ∅ 20 cm

125 g bloem
125 g zelfrijzend bakmeel
4 eieren, gesplitst
150 g witte basterdsuiker
4 el aardbeienjam
1,25 dl slagroom

1. Verwarm de oven voor op 180 °C. Vet 2 ondiepe, ronde bakvormen van ∅ 20 cm in. Bekleed de bodem met bakpapier. Zeef het meel en de bloem 3 keer boven een vel bakpapier. Klop de eiwitten in een schone, droge kom met een elektrische mixer stijf. Voeg geleidelijk de suiker toe en klop tot die is opgelost en het mengsel dik en glanzend is.

2. Voeg de eierdooiers toe en klop nog 20 sec. Schep het meel snel en luchtig met een metalen lepel door het mengsel.

3. Verdeel het beslag over de ingevette bakvormen. Bak de cakes in 20 min. goudbruin, totdat ze terugveren als u erop drukt. Laat ze 5 min. in de vorm rusten; keer ze op een rooster en laat ze afkoelen.

4. Smeer op een cake jam. Spuit met een gekartelde spuitmond slagroomrozetjes op de jam. Leg de tweede cake erop en bestuif hem met gezeefde poedersuiker.

Bewaartijd: ongevulde taarten blijven in de diepvries een maand goed. Verpak ze in aparte diepvrieszakken. Ontdooien op kamertemperatuur (ca. 20 min.). Een gevulde taart kan het best direct gegeten worden.

Tip: het geheim van de perfecte biscuittaart is de wijze van mengen. Gebruik altijd een metalen lepel om de bloem snel, maar voorzichtig door het eimengsel te scheppen. Door te kloppen of een houten lepel te gebruiken, worden de eieren minder luchtig met als gevolg een platte, zware cake.

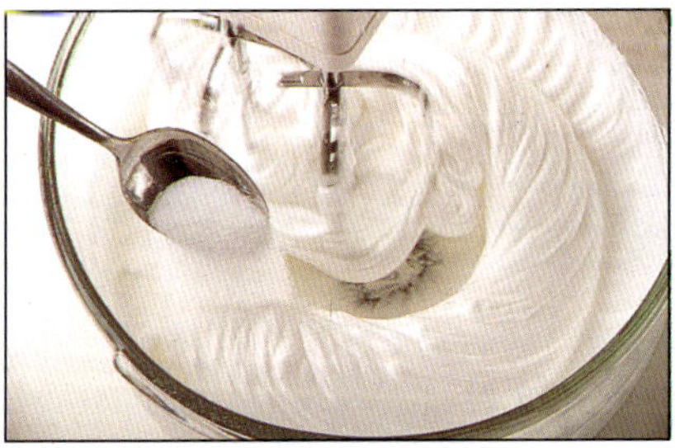

Voeg al kloppend de suiker geleidelijk toe aan de geslagen eiwitten.

Schep met een metalen lepel de bloem er snel en luchtig door.

Bak de cake goudbruin, tot hij terugveert als u erop drukt.

Spuit slagroomrozetjes op de jam bovenop de cake.

Kaneeltaart

Voorbereidingstijd:
20 minuten
Baktijd:
30 minuten

Voor een ronde cake van ∅ 20 cm

60 g boter
110 g witte basterdsuiker
1 ei, losgeklopt
1 tl vanille-essence
100 g zelfrijzend bakmeel
40 g bloem
1,25 dl melk

Garnering
20 g boter, gesmolten
1 el witte basterdsuiker
1 tl kaneel

1. Verwarm de oven voor op 180 °C. Vet een ronde, lage bakvorm van ∅ 20 cm in. Bekleed de bodem met bakpapier. Klop met een elektrische mixer de boter en de suiker licht en romig. Voeg geleidelijk het ei toe, na elk beetje goed kloppen. Voeg de essence toe en klop alles door elkaar.

2. Schep met een metalen lepel om en om het gezeefde meel, de bloem en de melk door het mengsel. Roer het glad. Schep het beslag in de ingevette bakvorm en strijk het glad. Bak de taart 30 min., tot een breinaald, waarmee u in het midden prikt, er schoon uit komt. 5 Min. in de bakvorm laten rusten, dan keren op een rooster en af laten koelen.

3. Smeer gesmolten boter over de nog warme taart en strooi de suiker vermengd met de kaneel erover.

Wortelcake

Voorbereidingstijd:
30 minuten
Baktijd:
1 uur

Voor een cake van 20 x 20 cm

2 koppen geraspte wortels
$^1/_2$ kop sultanarozijnen
$^2/_3$ kop gehakte walnoten
220 g witte basterdsuiker
3 eieren, losgeklopt
1,9 dl plantaardige olie
250 g zelfrijzend bakmeel
2 tl koekkruiden
2 tl gemberpoeder
1 tl kaneel
1 tl zuiveringszout

Glazuur
185 g roomkaas
60 g poedersuiker

1. Verwarm de oven voor op 180 °C. Vet een diepe bakvorm van 20 x 20 cm in. Bekleed de bodem met bakpapier. Doe de wortels, de rozijnen, de walnoten en de suiker in een grote kom. Voeg de geklopte eieren en de olie toe.

2. Voeg het gezeefde meel, de kruiden en het zuiveringszout toe en roer alles door elkaar met een houten lepel.

3. Schep het beslag in een bakvorm, strijk het glad. Bak de taart 1 uur, tot een breinaald, waarmee u in het midden prikt, er schoon

Kaneeltaart (boven) en wortelcake

uit komt.
10 Min. in de vorm laten rusten, dan keren op een rooster.

4. **Glazuur:** klop met een elektrische mixer de roomkaas met de suiker licht en romig. Smeer het mengsel op de afgekoelde cake. Eventueel bestrooien met koekkruiden of nootmuskaat.

Variant: meng 1 tl geraspte citroenschil door het glazuur.

Chocoladecake

Voorbereidingstijd:
20 minuten
Baktijd:
1 uur

Voor een langwerpige cake

185 g boter	**1,25 dl melk**
170 g witte basterdsuiker	
2 eieren, losgeklopt	***Glazuur***
140 g zelfrijzend bakmeel	**30 g boter, gesmolten**
100 g bloem	**2 el warm water**
$^1/_2$ kop cacao	**2 el cacao**
1 tl zuiveringszout	**185 g poedersuiker**

1. Verwarm de oven voor op 180 °C. Vet een langwerpige bakvorm van 21 x 14 x 7 cm in met gesmolten boter of olie. Bekleed de bodem en de zijkanten met bakpapier. Klop met een elektrische mixer de boter en de suiker licht en romig. Voeg de eieren in beetjes toe; na elk beetje goed kloppen.

2. Schep met een metalen lepel om en om de gezeefde meelsoorten, de cacao, het bakpoeder en de melk door het botermengsel. Roer het beslag glad en schep het in de ingevette bakvorm; bovenkant gladstrijken.

3. Bak de cake 1 uur, tot een breinaald, waarmee u in het midden prikt, er schoon uit komt. Cake 5 min. in de vorm laten rusten; omkeren op een rooster en af laten koelen.

4. **Glazuur:** meng de boter, het water en de cacao tot een glad papje. Voeg de gezeefde poedersuiker toe. Meng alle ingrediënten tot een gladde massa. Smeer het glazuur over de afgekoelde cake en bestrooi hem met poedersuiker.

Bewaartijd: chocoladecake zonder glazuur en in plastic verpakt blijft in de diepvries een maand goed.

Variant: gebruik voor een vollere smaak voor het glazuur 50 g pure chocolade in plaats van cacao en water. Meng de chocolade en de boter in een vuurvaste kom. Smelt de chocolade au bain marie. Meng het chocolademengsel en de poedersuiker tot een gladde massa. Smeer die over de afgekoelde cake en garneer hem eventueel met witte chocoladekrullen.

Bedek de bodem en de zijkanten van het ingevette blik met bakpapier.

Schep met een metalen lepel de gezeefde droge ingrediënten erdoor.

Prik met een breinaald in de cake om te zien of deze gaar is; hij moet er schoon uit komen.

Roer tot het glazuurmengsel glad is en alle ingrediënten gemengd zijn.

Kersentulband

Voorbereidingstijd:
30 minuten
Baktijd:
45 minuten

Voor een tulband van ∅ 20 cm

1 kop bigarreaux
90 g boter
150 g suiker
2 eieren, losgeklopt
1 tl vanille-essence
140 g zelfrijzend bakmeel
100 g bloem
80 ml melk

Glazuur
185 g poedersuiker
20 g boter
1-2 el water
roze kleurstof

1. Verwarm de oven voor op 180 °C. Vet een tulbandvorm van ∅ 20 cm in en bestuif hem met bloem. Spoel de bigarreaux onder de kraan af; dep ze droog met keukenpapier. Klop met een elektrische mixer de boter en suiker licht en romig. Voeg de eieren in beetjes toe; na elk beetje goed kloppen. Voeg de essence toe en klop alles door elkaar.

2. Schep met een metalen lepel om en om de gezeefde meelsoorten en de melk door het botermengsel. Roer het beslag glad.

3. Schep het beslag in de ingevette vorm en strijk het glad. Bak de tulband 35 min., tot een breinaald, waarmee u in het midden prikt, er schoon uit komt. Laat de cake 10 min. rusten in de bakvorm; keer hem dan om op een rooster en laat hem afkoelen.

4. **Glazuur:** meng de gezeefde poedersuiker, de boter en het water in een vuurvaste schaal. Smelt de suiker au bain marie en roer tot het glazuur glanzend en glad is. Roer er een paar druppels roze kleurstof door. Schep de glazuur met een lepel zo over de cake dat hij langs de zijkanten naar beneden loopt.

Bewaartijd: in een luchtdicht afgesloten bewaardoos blijft deze cake 2 dagen goed in de koelkast. Ongeglazuurd blijft hij in de diepvries een maand goed.

Variant: strooi geraspt kokos over het nog natte glazuur.

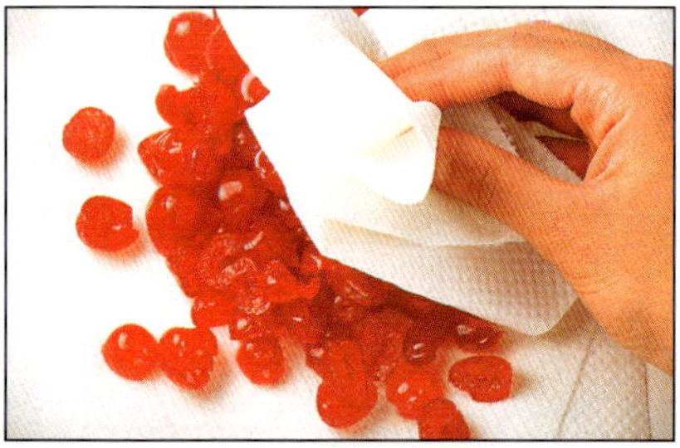

Droog de gewassen bigarreaux af met keukenpapier.

Schep met een metalen lepel om en om de gezeefde meelsoorten en de melk erdoor.

Prik met een breinaald in de cake om te zien of deze gaar is.

Meng een paar druppels roze kleurstof door het glazuurmengsel.

Dobostaart

Voorbereidingstijd:
55-60 minuten
Baktijd:
40 minuten

Voor 12 punten

8 eieren, gesplitst
220 g witte basterdsuiker
190 g bloem
100 g donkere chocolade, gesmolten
250 g boter

Vulling
330 g witte basterdsuiker
1,25 dl water
5 eierdooiers
$^1/_4$ kop cacao

Karamelglazuur
220 g witte basterdsuiker
1,25 dl water
125 g amandelschaafsel, geroosterd

1. Verwarm de oven voor op 180 °C. Bedek 8 bakplaten met bakpapier. Teken op elk vel een cirkel van ∅ 23 cm. Klop met een elektrische mixer de eierdooiers en de helft van de suiker dik en romig. Klop de eiwitten stijf. Klop geleidelijk de rest van de suiker door het eiwitmengsel tot dit dik en glimmend is. Zeef de bloem bij de dooiers en schep hem er voorzichtig met een metalen lepel door. Schep de eiwitten er in 3 keer bij. Verdeel het beslag over de cirkels op de bakplaten. Bak de cakes in 6-9 min. goudbruin, tot ze terugveren als u erop drukt. Stort de cakes op roosters; laat ze afkoelen en snijd de randen bij.

2. **Vulling**: roer de suiker en het water in een pan door elkaar tot de suiker is opgelost. Breng het mengsel aan de kook, temper het vuur en laat de stroop 10-15 min. pruttelen tot hij dik en zacht is. Klop de eierdooiers met een elektrische mixer. Giet al kloppend in een dunne straal de warme stroop over de geklopte dooiers. Klop tot het mengsel koud en dik is. Voeg de cacao toe, klop het mengsel glad. Voeg de gesmolten chocolade toe en klop tot alles vermengd is. Klop de boter licht en romig; voeg het eimengsel geleidelijk toe en klop het geheel tot een gladde massa.

3. **Karamelglazuur:** doe de suiker en het water in een pan met dikke bodem en roer op laag vuur tot de suiker is opgelost. Kook de stroop zonder roeren in 5-10 min. goudkleurig. Giet het glazuur op een van de cakes en strijk het snel uit; snijd direct met een ingevet scherp mes 12 gelijke punten.

4. Strijk de vulling uit over de andere cakes, bewaar wat voor de zijkant. Leg de cakes op elkaar, met bovenop de karamelcake.

Verdeel het beslag en maak op ieder vel bakpapier een cirkel.

Giet de warme suikerstroop in een dunne straal over de geklopte dooiers.

Smeer de zijkant in met vulling en druk het amandelschaafsel erop.

Kook de suiker en het water al roerende tot een goudkleurige stroop.

Verdeel de chocoladevulling over de andere cakes en bewaar wat voor de zijkanten.

Madeiracake

Voorbereidingstijd:
20 minuten
Baktijd:
55 minuten

Voor een langwerpige cake

150 g boter
170 g witte basterdsuiker
3 eieren, losgeklopt
2 tl fijngeraspte sinaasappel- of citroenschil
$^{1}/_{2}$ kop amandelstukjes
220 g zelfrijzend bakmeel
poedersuiker ter garnering

1. Verwarm de oven voor op 180 °C. Vet een cakevorm van 23 x 13 x 7 cm in. Bekleed de bodem en de zijkanten met bakpapier. Klop met een elektrische mixer de boter en de suiker licht en romig. Voeg de eieren in beetjes toe; na elk beetje goed kloppen. Roer de schil erdoor.

2. Schep met een metalen lepel het gezeefde bakmeel en de amandelstukjes door het botermengsel en roer alles door elkaar.

3. Schep het beslag in de ingevette vorm en strijk het glad. Bak de cake 55 min., tot een breinaald, waarmee u in het midden prikt, er schoon uit komt.

4. Laat de cake 10 min. in de bakvorm rusten; stort hem op een rooster. Strooi vlak voor het serveren de poedersuiker erover.

Bewaartijd: in een luchtdicht afgesloten bewaardoos blijft deze cake 4 dagen goed.

Dadel-notenrol

Voorbereidingstijd:
25 minuten
Baktijd:
1 uur

Voor 2 cakerollen

120 g zelfrijzend bakmeel
120 g bloem
$^{1}/_{2}$ tl zuiveringszout
1 tl koekruiden
1 kop gehakte walnoten
100 g boter
150 g bruine suiker
1,25 dl water
1$^{1}/_{2}$ kop gehakte dadels
1 ei, losgeklopt

1. Verwarm de oven voor op 180 °C. Vet twee tubevormige cakevormen (17 x 8 cm, met deksel) in. Zeef het bakmeel, de bloem, het zuiveringszout en de koekkruiden in een kom. Roer de walnoten erdoor en maak in het midden een kuiltje.

2. Roer de boter, de suiker, het water en de dadels op laag vuur door elkaar, tot de boter en de suiker gesmolten zijn. Van het vuur halen en even laten afkoelen.

3. Roer het botermengsel en het ei bij het bloemmengsel. Verdeel het beslag over de ingevette vormen. De vormen rechtop in de oven zetten en 1 uur bakken, tot een breinaald, waarmee u in de cake prikt, er schoon uit komt. Laat de cakes 10 min. in de vormen rusten, stort ze op een rooster. Serveren in plakjes, met boter.

Madeiracake (boven) en dadel-notenrol

Honing-roomrol

Voorbereidingstijd:
40 minuten
Baktijd:
12 minuten

Voor 1 rol

175 g zelfrijzend bakmeel
2 tl koekkruiden
3 eieren
140 g bruine suiker
¼ kop geraspt kokos

Honingroom
125 g boter
75 g witte basterdsuiker
2 el honing

1. Verwarm de oven voor op 210 °C. Vet een bakplaat van 30 x 25 x 2 cm in; bedek de bodem en de korte zijkanten met bakpapier. Zeef het bakmeel en de kruiden 3 keer op bakpapier. Klop met een elektrische mixer de eieren in 5 min. schuimig. Voeg geleidelijk de suiker toe en klop het mengsel licht en glanzend. Schep snel en voorzichtig met een metalen lepel het bakmeel erdoor.

2. Verdeel het beslag over de ingevette bakplaat. Bak de cake in 12 min. goudbruin, tot hij terugveert als u erop drukt. Bedek een droge, schone theedoek met bakpapier en strooi daar kokos op. Stort de cake op het kokos en laat hem 1 min. rusten.

3. Rol de cake en het papier in de breedte op met behulp van de theedoek; 5 min. laten afkoelen, de cake uitrollen en het papier verwijderen. Bestrijk de cake met honingroom, rol hem weer op; snijd de zijkanten bij. Serveren in plakjes.

4. **Honingroom:** klop met een elektrische mixer de boter, de suiker en de honing licht en romig. Verwijder de mixer. Giet koud water over het mengsel, draai de kom rond en giet het water weg. Klop het mengsel nog 2 min. met de mixer. Herhaal dit proces 6 keer, tot de room wit en luchtig is en de suiker is opgelost.

Voeg geleidelijk de suiker aan de geklopte eieren toe en klop de massa blank en romig.

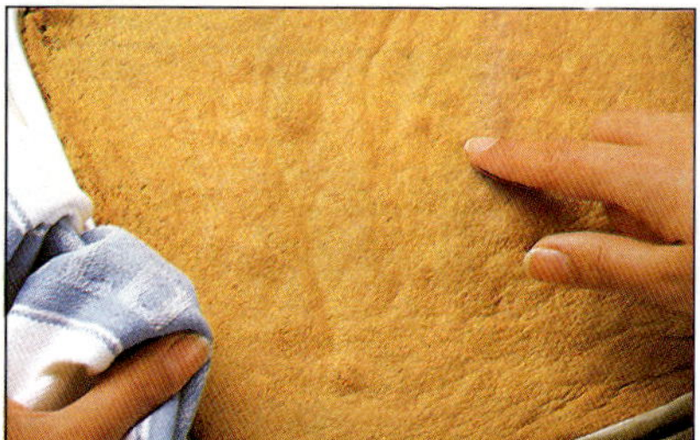

Bak de cake goudbruin tot hij terugveert als u erop drukt.

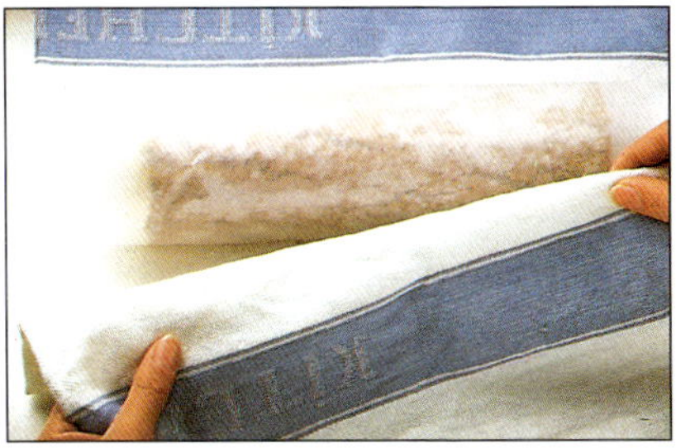

Rol de cake en het bakpapier op met behulp van de theedoek.

Giet koud water over het romige botermengsel, draai de kom rond en giet water eruit.

Engelentaart

Voorbereidingstijd:
25 minuten
Baktijd:
45 minuten

Voor een ringtaart van ∅ 23 cm

90 g bloem
30 g maïzena
150 g witte basterd-suiker
10 eiwitten
$1^1/_2$ tl krimmetart
220 g witte basterd-suiker, extra
1 tl vanille-essence

Schuim
280 g witte basterdsuiker
1,25 dl water
3 eiwitten

1. Verwarm de oven voor op 180 °C. Zeef de bloem en de maïzena 2 keer op een vel bakpapier. Voeg de suiker toe en zeef alles weer. Klop met een elektrische mixer de eiwitten stijf. Klop de bakpoeder erdoor.
2. Klop geleidelijk de suiker erdoor tot hij opgelost is en het mengsel dik en glanzend is. Klop de vanille-essence erdoor.
3. Schep in drie keer met een metalen lepel de bloem door het mengsel. Doe het beslag in een ingevette ringvorm van ∅ 23 cm. Bak de cake in 45 min. goudbruin, tot hij terugveert als u erop drukt. Stort de cake op een plank; bedekt met de vorm helemaal af laten koelen. Maak de cake met een mes los van de zijkant en stort hem op een groot bord. Bestrijk de bovenkant en de zijkant met schuim. Eventueel versieren met vergulde suikeramandelen (dragees).
4. Schuim: breng de suiker en het water op laag vuur al roerend aan de kook, tot de suiker is opgelost. Laat het suikerwater zonder deksel 5 min. doorkoken (niet roeren). Klop met een elektrische mixer de eiwitten in een schone, droge kom stijf. Giet de warme siroop over de eiwitten, klop tot het schuim dik en glanzend is en in volume is toegenomen.

Bewaartijd: in een luchtdicht afgesloten bewaardoos blijft deze cake 2 dagen goed.

Let op: de cake wordt in een zogenaamde savarinvorm gebakken. Deze is te koop bij speciaalzaken en grote warenhuizen.

Zeef de bloem en de maïzena 2 keer op een vel bakpapier.

Voeg de vanille-essence aan het geklopte eiwit-suikermengsel toe.

Stort de cake op een plank en laat hem helemaal afkoelen.

Giet al kloppende de warme suikersiroop in een straaltje bij de eiwitten.

Mokka-génoisetaart

Voorbereidingstijd:
40 minuten
Baktijd:
40 minuten

Voor een ronde lagentaart van ∅ 23 cm

140 g bloem
4 eieren, losgeklopt
150 g witte basterdsuiker
60 g boter, gesmolten en afgekoeld

Mokkacrème
110 g witte basterdsuiker
80 ml water
4 eierdooiers
250 g zachte boter
2 el oploskoffie
1 el warm water

2 el crème de cacao
1 kop amandelschaafsel
koffiebonen, eventueel met chocolade, ter garnering

1. Verwarm de oven voor op 180 °C. Vet een diepe, ronde bakvorm van ∅ 23 cm in; bedek de bodem en de zijkanten met bakpapier. Zeef de bloem 3 keer op een vel bakpapier. Klop met een elektrische mixer de eieren en de suiker in 6 min. tot een dik en romig mengsel dat in volume is toegenomen. Schep in 2 gedeelten de bloem met een metalen lepel snel en luchtig door het eimengsel. Doe bij de tweede toevoeging ook de gesmolten boter erbij, maar gooi het witte bezinksel weg. Verdeel het beslag over het ingevette bakblik en bak de cake in 35 min. goudbruin, tot hij terugveert als u erop drukt. Laat de cake 2 min. in de vorm rusten; stort hem op een rooster en laat hem afkoelen. Verwijder het papier.

2. **Mokkacrème:** verhit de suiker en het water al roerende zonder te koken op matig vuur, tot de suiker is opgelost. Breng het mengsel aan de kook, temper het vuur en laat de stroop 5 min. zonder te roeren doorkoken. Van het vuur halen en even laten afkoelen. Klop de eierdooiers 2 min. met een elektrische mixer. Giet langzaam de stroop op de dooiers en blijf kloppen tot het mengsel afgekoeld is. Voeg geleidelijk de boter toe en klop het mengsel glad en romig. Voeg de koffie toe (in water opgelost) en klop alles door elkaar. Snijd de cake horizontaal doormidden. Smeer crème de cacao op beide cakehelften. Bestrijk de onderste helft met een kwart van de crème en leg de andere helft erop. Bestrijk de bovenkant en zijkanten met eenachtste deel van de overige mokkacrème. Strijk de zijkanten glad en druk het amandelschaafsel erop. Doe het laatste beetje mokkacrème in een spuitzak en spuit rozetjes langs de rand. Garneren met chocolade-mintstaafjes en koffieboontjes.

Bewaartijd: in een luchtdicht afgesloten bewaardoos blijft deze cake 3 dagen goed.

Let op: génoise is een klassieke, geklopte cake die erg licht en vochtig is.

Verwijder voorzichtig het bakpapier als de cake op een rooster afgekoeld is.

Voeg geleidelijk de boter toe aan het afgekoelde, geklopte siroopmengsel.

Citroen-griesmeeltulband

Voorbereidingstijd:
30 minuten
Baktijd:
50 minuten

Voor een tulband van ∅ 23 cm

150 g boter
170 g witte basterdsuiker
2 eieren, losgeklopt
2 tl fijngeraspte citroenschil
250 g griesmeel
1 kop amandelstukjes
$1^1/_2$ tl bakpoeder
60 ml melk

Citroensiroop
1,25 dl citroensap
geraspte schil van 1 citroen
110 g witte basterdsuiker

1. Verwarm de oven voor op 180 °C. Vet een tulbandvorm van ∅ 23 cm in. Klop met een elektrische mixer de boter en de suiker licht en romig. Voeg de eieren in beetjes toe; na elk beetje goed kloppen. Klop de citroenschil erdoor.
2. Schep met een metalen lepel om en om het gezeefde griesmeel, de amandelstukjes, het bakpoeder en de melk door het botermengsel. Roer alles glad.
3. Schep het beslag in de ingevette bakvorm en strijk het glad. Bak de cake 45 min., tot een breinaald, waarmee u in het midden prikt, er schoon uit komt. Laat de cake 5 min. in de bakvorm rusten; stort hem op een serveerschaal. Bestrijk de bovenkant en de zijkanten van de cake met citroensiroop en strooi daar gezeefde poedersuiker over.
4. **Citroensiroop:** verhit het sap, de citroenschil en de suiker zonder te koken op matig vuur tot de suiker is opgelost. Breng de siroop aan de kook, temper het vuur en laat de siroop 5 min. doorkoken.

Kruiden-notencake

Voorbereidingstijd:
30 minuten
Baktijd:
50 minuten

Voor een cake van 20 cm

250 g zelfrijzend bakmeel
1 tl kaneel
1 tl gemberpoeder
$^1/_2$ tl kardemom
$^1/_2$ tl gemalen kruidnagels
185 g boter
150 g bruine suiker
60 ml blanke stroop
3 eieren, losgeklopt
60 ml karnemelk
2 el bruine suiker, extra
1 tl koekkruiden
$^1/_3$ kop fijngehakte walnoten

1. Verwarm de oven voor op 180 °C. Vet een diepe bakvorm van 20 cm in; bedek de bodem en de zijkanten met bakpapier. Zeef het bakmeel en de kruiden in een kom. Maak in het midden een kuiltje. Verhit de boter, de suiker en de stroop al roerend op laag vuur, tot de boter is gesmolten en het mengsel glad is. Van het vuur halen en even af laten koelen.

Citroen-griesmeeltulband (boven) en kruiden-notencake

2. Doe het botermengsel bij het meelmengsel. Roer alles net door elkaar met een houten lepel. Voeg de gemengde eieren en karnemelk toe en roer het beslag glad.
3. Schep het beslag in de ingevette bakvorm en strijk het glad. Meng de suiker, de kruiden en de walnoten en verdeel dit mengsel over de bovenkant van het beslag, licht aandrukken.
4. Bak de cake 45 min., tot een breinaald, waarmee u in het midden prikt, er schoon uit komt. De cake 15 min. in de bakvorm laten rusten alvorens hem op een rooster te keren.

Bewaartijd: in een luchtdicht afgesloten bewaardoos blijft deze cake 3 dagen goed.

Duivelstaart

Voorbereidingstijd:
25 minuten
Baktijd:
1 uur

Voor een ronde, gevulde taart van ∅ 20 cm

125 g bloem
125 g zelfrijzend bakmeel
1 tl zuiveringszout
$^2/_3$ kop cacao
280 g witte basterdsuiker
125 g boter, zacht
2,5 dl melk
150 g zure room
3 eieren, losgeklopt
1,9 dl slagroom, geklopt

Chocoladeglazuur
50 g pure chocolade
25 g boter
3 tl poedersuiker

1. Verwarm de oven voor op 180 °C. Vet een diepe, ronde bakvorm van ∅ 20 cm in. Zeef de bloem, het meel en de cacao in een kom. Voeg de suiker, de boter, de melk en de zure room toe. Klop alles met een mixer op de middelste stand in 1 min. door elkaar.
2. Voeg de eieren toe, klop het beslag op een hogere stand in 4 min. glad en romig. Schep het in de ingevette bakvorm en strijk het glad. Bak de cake 1 uur, tot een breinaald, waarmee u in het midden prikt, er schoon uit komt. Haal de cake uit de oven en laat hem 10 min. in de vorm rusten; stort hem op een rooster.
3. Chocoladeglazuur: meng chocolade en boter in een vuurvaste kom. Au bain marie roeren tot het mengsel is gesmolten en glad is. Voeg geleidelijk de gezeefde poedersuiker toe, roer het glazuur glad.
4. Snijd de koude cake horizontaal doormidden en verdeel de geklopte slagroom over de onderste cakelaag. Leg de bovenste laag erop. Strijk het chocoladeglazuur over de bovenkant.

Let op: laat bij het smelten van de chocolade geen water of stoom bij het mengsel komen, want dan verandert het in een ruwe, onhandelbare massa. U moet de chocolade dan weggooien en van voren af aan beginnen.

Voeg de suiker, de boter, de melk en de zure room aan het meel-cacaomengsel toe.

Klop na toevoeging van de eieren het mengsel in 4 min. glad en romig.

Doe geleidelijk de gezeefde poedersuiker bij het boter-chocolademengsel.

Snijd de cake doormidden en bestrijk de onderste helft met room.

Amandelcake

Voorbereidingstijd:
20 minuten
Baktijd:
45 minuten

Voor een ronde cake van ∅ 17 cm

125 g boter
150 g witte basterd-suiker
2 druppels amandel-essence
3 eieren, losgeklopt
90 g amandelstukjes
60 g bloem

1. Verwarm de oven voor op 180 °C. Vet een diepe, ronde bakvorm van ∅ 17 cm in. Bekleed de bodem met bakpapier. Klop met een elektrische mixer de boter, de suiker en de essence licht en romig.
2. Voeg in 3 gedeelten de eieren en de amandelstukjes toe.
3. Schep met een metalen lepel de gezeefde bloem en de andere ingrediënten door elkaar. Roer het beslag glad.
4. Schep het beslag in de ingevette bakvorm, strijk het glad, en versier het met hele amandelen. Bak de cake 45 min., tot een breinaald, waarmee u in het midden prikt, er schoon uit komt. Laat de cake 10 min. in de bakvorm rusten; stort hem op een rooster en laat hem afkoelen. Bestrooien met basterd- of poedersuiker.

Bewaartijd: in een luchtdicht afgesloten bewaardoos blijft deze cake 3 dagen goed, in de diepvries 2 maanden.

Karwijzaadcake

Voorbereidingstijd:
20 minuten
Baktijd:
50 minuten

Voor een ronde cake van ∅ 17 cm

125 g boter
110 g witte basterd-suiker
3 eieren, losgeklopt
160 g zelfrijzend bak-meel
3 tl karwijzaad
2 el melk

1. Verwarm de oven voor op 180 °C. Vet de bodem en zijkanten van een diepe, ronde bakvorm van ∅ 17 cm in. Bekleed de bodem en de rand met bakpapier. Klop met een elektrische mixer de boter en de suiker licht en romig. Voeg de eieren in beetjes toe; na elk beetje goed kloppen.
2. Schep met een metalen lepel om en om het gezeefde meel met het karwijzaad en de melk door het botermengsel.
3. Schep het beslag in de ingevette bakvorm en strijk het glad. Bak de cake 50 min., tot een breinaald, waarmee u in het midden prikt, er schoon uit komt. Laat de cake 20 min. in de bakvorm rusten, stort hem op een rooster. Eventueel bestrooien met poedersuiker.

Bewaartijd: in een luchtdicht afgesloten bewaardoos blijft deze cake een week goed, in de diepvries 3 maanden.

Let op: karwijzaadcake is een traditionele Engelse cake die gebakken wordt om het einde van de lente en het zaaien van de gewassen te vieren.

Amandelcake (boven) en karwijzaadcake

Gembercake

Voorbereidingstijd:
30 minuten
Baktijd:
45 minuten - 1 uur

Voor een vierkante cake van 20 cm

125 g boter
1,25 dl palmsiroop
1,25 dl blanke stroop
310 g zelfrijzend bakmeel
3 tl gemberpoeder
1 tl koekkruiden
$^{1}/_{4}$ tl kaneel
150 g bruine suiker
2,5 dl melk
2 eieren, losgeklopt

Citroen-gemberglazuur
320 g poedersuiker
1 tl gemberpoeder
30 g boter
2 tl melk
2 tl citroensap
1 tl fijngeraspte citroenschil

1. Verwarm de oven voor op 180 °C. Vet een diepe, vierkante bakvorm van 20 cm in. Bekleed de bodem met bakpapier. Verhit de boter, de siroop en de stroop al roerend zonder te koken op laag vuur, tot de boter gesmolten is. Van het vuur halen.
2. Zeef het bakmeel en de kruiden in een kom en meng de suiker erdoor. Maak in het midden een kuiltje; voeg de boterstroop met een mengsel van de melk en de eieren toe. Roer het beslag met een houten lepel glad.
3. Schep het beslag in de ingevette bakvorm en strijk het glad. Bak de cake 45 min.-1 uur, tot een breinaald, waarmee u in het midden prikt, er schoon uit komt. Laat hem 20 min. in de bakvorm rusten. Stort de cake op een rooster en laat hem afkoelen.
4. Citroen-gemberglazuur: meng de suiker, de gember, de boter, de melk, het citroensap en de schil tot een glad mengsel. Verhit het au bain marie en roer tot het glazuur glad en glanzend is. Van het vuur halen. Smeer het glazuur met een spatel over de bovenkant van de cake.

Eventueel garneren met geraspte citroenschil of gekonfijte gember.

Bewaartijd: deze cake kan het best 2-3 dagen na het bakken gegeten worden. In een luchtdicht afgesloten bewaardoos blijft hij een week goed; ongeglazuurd in de diepvries 3 maanden.

Doe de boter, de palmsiroop en de blanke stroop in een pan.

Roer het melk-eimengsel en het botermengsel door de droge ingrediënten.

Laat de cake 20 min. in de vorm rusten en stort hem op een rooster.

Roer het glazuurmengsel au bain marie glad en glanzend.

Schwarzwälder-kirschtaart

Voorbereidingstijd:
45 minuten
Baktijd:
15 minuten

Voor een ronde taart van ∅ 20 cm

90 g bloem
1 tl bakpoeder
2 el cacao
4 eieren, gesplitst
110 g witte basterdsuiker
60 ml Kirsch
3,75 dl slagroom, geklopt
425 g ontpitte kersen (blik), uitgelekt
125 g pure chocolade
125 g gekonfijte kersen met steel, ter garnering

1. Verwarm de oven voor op 180 °C. Vet twee lage, ronde bakvormen van ∅ 20 cm in. Bekleed de bodem en de zijkanten met bakpapier. Zeef de bloem, het bakpoeder en de cacao 3 keer op een vel bakpapier. Klop met een elektrische mixer de eiwitten in een schone, droge kom stijf. Voeg al kloppend geleidelijk suiker toe tot deze opgelost en het mengsel dik en glanzend is. Voeg de dooiers toe, klop nog 20 sec.

2. Schep snel en luchtig de bloem en de cacao door het eimengsel. Verdeel het beslag over de ingevette bakvormen. Bak de cakes in 15 min. goudbruin, tot ze terugveren als u erop drukt. Laat ze 5 min. in de vorm rusten, stort ze op een rooster en laat ze afkoelen. Snijd de bovenkanten plat af en draai de cakes om, zodat de onderkant de bovenkant wordt.

3. Besprenkel beide cakes rijkelijk met Kirsch. Verdeel een kwart van de geklopte slagroom over een cake, leg daarop de kersen. Leg de andere cake erop. Smeer de hele taart met een spatel in met slagroom.

4. Schaaf met een dunschiller krullen van de chocolade. Druk de krullen lichtjes in de room aan de zijkant van de taart. Garneer de bovenkant met gekonfijte kersen en extra chocoladekrullen.

Let op: Schwarzwälderkirschtaart wordt traditioneel gemaakt met verse, ontpitte morellen, gepocheerd in suikerstroop. Een blik gewone, ontpitte kersen is een goed alternatief.

Voeg het eigeel toe en klop tot de massa dik en bleek is en in volume toegenomen.

Verdeel het beslag over de ingevette bakblikken.

Leg de kersen als vulling op de geklopte slagroom op de onderste cakelaag.

Schaaf krullen van het blok chocolade ter garnering.

Yoghurt-citruscake

Voorbereidingstijd:
40 minuten
Baktijd:
$1\frac{1}{4}$ uur

Voor een ronde cake van ∅ 23 cm

180 g boter
220 g witte basterdsuiker
3 tl fijngeraspte citroenschil
3 tl fijngeraspte sinaasappelschil
5 eieren, gesplitst
2,5 dl yoghurt
310 g bloem
$2\frac{1}{2}$ tl bakpoeder
$\frac{1}{2}$ tl zuiveringszout

Citrussiroop
220 g suiker
1,9 dl koud water
1 groot stuk citroenschil
1 el citroensap
1 el sinaasappelsap
1 el oranjebloesemwater

1. Verwarm de oven voor op 180 °C. Vet een diepe, ronde bakvorm van ∅ 23 cm in. Bekleed de bodem met bakpapier. Klop met een elektrische mixer de boter, de suiker en de geraspte schil licht en romig. Voeg de eierdooiers in beetjes toe; na elk beetje goed kloppen. Schep er met een metalen lepel eerst de yoghurt, dan de gezeefde bloem en het bakpoeder door. Klop met een elektrische mixer de eiwitten in een schone, droge kom stijf. Schep ze met een metalen lepel snel door het botermengsel. Schep het beslag in de ingevette bakvorm en strijk het glad. Bak de cake 45-50 min., tot een breinaald, waarmee u in het midden prikt, er schoon uit komt. Laat de cake 5 min. in de bakvorm rusten, giet dan de siroop erover.

2. Citroensiroop: verhit de suiker en het water al roerend op laag vuur tot de suiker is opgelost. Breng het mengsel aan de kook, temper het vuur en voeg de schillen en het sap toe. Laat de siroop zonder roeren en zonder deksel 20 min. doorkoken. Van het vuur halen en even laten afkoelen. Voeg het oranjebloesemwater toe. Giet de siroop over de cake in de vorm. Keer de cake op een rooster zodra alle siroop erin is getrokken. Snijd hem in kleine, dikke repen.

Bewaartijd: in een luchtdicht afgesloten bewaardoos blijft yoghurt-citruscake 3 dagen goed, zonder citrusstroop in de diepvries 2 maanden. Ontdooi de cake voordat u de siroop erover giet.

Let op: deze cake smaakt warm, in stukjes gesneden met geklopte slagroom heerlijk.

Variant: gebruik eens limoensap en -schil in plaats van citroen voor de citrussiroop en limoenrasp voor in de cake.

Schep de bloem met een metalen lepel door de yoghurt.

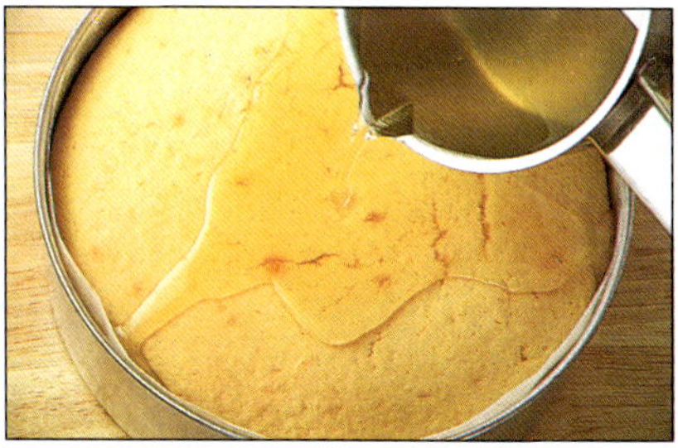

Giet de citroensiroop over de afgekoelde cake in de bakvorm.

Sienacake

Voorbereidingstijd:
30 minuten
Baktijd:
35-40 minuten

Voor een ronde cake van ∅ 23 cm

1 kop geroosterde, geblancheerde amandelen
1 kop geroosterde hazelnoten
$^1/_2$ kop gekonfijte abrikozen, fijngehakt
$^1/_2$ kop gekonfijte ananas, fijngehakt
$^1/_4$ kop sukade- en oranjesnippers
$^1/_2$ kop gedroogde vijgen, fijngehakt
95 g bloem
1 el cacao
1 tl kaneel
$^1/_2$ tl koekkruiden
110 g witte basterdsuiker
1,25 dl honing

1. Verwarm de oven voor op 150 °C. Vet een lage, ronde bakvorm van ∅ 23 cm in. Bekleed de bodem en de zijkanten met bakpapier, laat het papier 1 cm boven de rand uitsteken.
2. Meng de noten en de gehakte vruchten. Zeef de bloem, de cacao en de kruiden over de noten en de vruchten. Bedek de noten en de vruchten met het bloemmengsel.
3. Verhit de suiker en de honing op laag vuur, tot de suiker is opgelost. Laat de siroop 1 min. doorkoken. Giet de warme siroop over het fruit-notenmengsel. Schep met een metalen lepel alles snel door elkaar - het mengsel wordt stijf en plakkerig.
4. Druk het mengsel in een ingevette bakvorm; verdeel het met natte vingers. Bak de cake 35-40 min. Laat hem helemaal afkoelen in de bakvorm, keer hem op een rooster en verwijder het papier. Wikkel de cake in folie en laat hem 2 dagen rijpen. Zeef voor het serveren poedersuiker over de bovenkant en snijd de cake in kleine hoekjes.

Bewaartijd: in folie verpakt blijft de cake 3 maanden goed in de koelkast.

Let op: deze platte cake is afkomstig uit de Italiaanse plaats Siena en wordt ook wel panforte genoemd. Hij is bijzonder lekker bij de koffie en is versierd met linten een bijzonder kerstcadeau. Met de bovenstaande hoeveelheden kunt u ook twee kleine cakes bakken. Gebruik dan twee bakvormen van ∅ 17 cm.

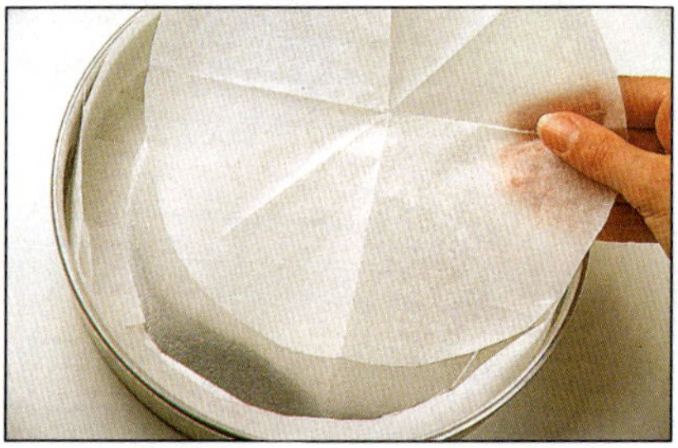

Bedek de bodem en de zijkanten van een ingevette, ronde bakvorm met bakpapier.

Zeef de bloem, de cacao en de kruiden over de noten en de vruchten in de kom.

Roer de suiker en de honing in een pan op laag vuur totdat de suiker is opgelost.

Duw het mengsel met natte vingers gelijkmatig uit in de bakvorm.

Hongaarse walnoottaart

Voorbereidingstijd:
20 minuten
Baktijd:
20-25 minuten

Voor een ronde taart van ∅ 20 cm

3 eieren, gesplitst
110 g witte basterdsuiker
½ tl vanille-essence
90 g maïzena
1 tl bakpoeder
½ kop fijngehakte walnoten

Koffiecrème
3,75 dl slagroom, geklopt
50 g poedersuiker
2 tl oploskoffie
2 el hazelnootpasta
1 el koffielikeur

1. Verwarm de oven voor op 180 °C. Vet een diepe, ronde bakvorm van ∅ 20 cm in. Bekleed de bodem met bakpapier. Klop met een elektrische mixer de eiwitten in een schone, droge kom stijf. Voeg geleidelijk de suiker toe en klop tot die is opgelost en het mengsel dik en glanzend is.

2. Voeg de dooiers en de vanille toe en klop nog 20 sec. Schep met een metalen lepel om en om de gezeefde maïzena met het bakpoeder en de walnoten erdoor. Werk snel en luchtig.

3. Schep het beslag in de ingevette bakvorm. Bak de cake in 20-25 min. lichtbruin tot hij van de zijkanten loslaat. Laat hem 5 min. in de bakvorm rusten, stort hem op een rooster en laat hem afkoelen.

4. **Koffiecrème:** klop met een elektrische mixer de ingrediënten tot een dikke massa. Snijd de cake horizontaal doormidden; smeer tweederde van de crème op een helft. Leg de andere helft erop, smeer daar de rest van de crème op. Garneren met halve walnoten en chocoladekrullen.

Variant: snijd een doosje aardbeien klein en houd er een paar achter. Klop 3,75 dl slagroom. Meng tweederde daarvan met aardbeien en smeer het mengsel op een cakehelft. Verdeel de rest van de slagroom over de boven- en de zijkant van de taart. Garneren met aardbeien.

Bewaartijd: in de diepvries blijft deze cake ongevuld een maand goed.

Voeg de suiker bij de geklopte eiwitten en klop alles dik en glanzend.

Voeg om en om de maïzena en het bakpoeder bij de walnoten.

Bak de cake lichtbruin tot hij van de zijkanten loslaat.

Smeer tweederde van het roommengsel op een cakelaag.

Dundeecake

Voorbereidingstijd:
30 minuten
Baktijd:
2-2½ uur

Voor een ronde cake van ∅ 20 cm

250 g boter
200 g bruine suiker
4 eieren, losgeklopt
1 kop rozijnen, fijngehakt
1 kop sultanarozijnen
1 kop krenten
½ kop sukade- en oranjesnippers
⅓ kop gehalveerde bigarreaux
¾ kop amandelschaafsel
1 kop amandelstukjes
250 g bloem
1 tl bakpoeder
2 el brandy
125 g geblancheerde amandelen, ter garnering

1. Verwarm de oven voor op 150 °C. Vet een diepe, ronde bakvorm van ∅ 20 cm in. Bekleed de bodem en de zijkanten met bakpapier. Klop met een elektrische mixer de boter en de suiker licht en romig. Voeg de eieren in beetjes toe; na elk beetje goed kloppen.
2. Voeg de vruchten en de amandelen toe. Schep met een metalen lepel de gezeefde bloem, het bakpoeder en de brandy door het mengsel.
3. Schep het beslag in de ingevette bakvorm en strijk het glad. Leg de hele amandelen erbovenop, druk ze lichtjes aan.
4. Bak de cake 2-2½ uur, tot een breinaald, waarmee u in het midden prikt, er schoon uit komt. Laat hem helemaal afkoelen in de bakvorm.

Bewaartijd: deze cake blijft 2 maanden goed. Verpak hem in meerdere lagen plasticfolie en bewaar hem in de koelkast.

Chocoladecrèmetaart

Voorbereidingstijd:
30 minuten
Baktijd:
1 uur

Voor een ronde taart van ∅ 20 cm

225 g boter
350 g pure chocolade, fijngehakt
80 ml warm water
5 eieren, gesplitst
280 g witte basterdsuiker
1½ kop amandelstukjes
90 g bloem
1 el rum of brandy

Chocoladecrème
200 g pure chocolade, fijngehakt
200 g boter

1. Verwarm de oven voor op 180 °C. Vet een diepe, ronde bakvorm van ∅ 20 cm in; bekleden met bakpapier. Smelt de boter en de chocolade op laag vuur, voeg het water toe en roer het papje glad. Af laten koelen.
2. Klop de dooiers en de suiker dik en licht. Schep met een metalen lepel het chocoladepapje en vervolgens de amandelstukjes en de bloem erdoor. Roer het mengsel glad, voeg de

Dundeecake (boven) en chocoladecrèmetaart

drank toe. Klop de eiwitten in een aparte kom stijf en voeg ze bij het andere mengsel. Schep het beslag in de ingevette bakvorm en strijk het glad. Bak de cake 1 uur, tot een breinaald, waarmee u in het midden prikt, er schoon uit komt. Laat de cake 20 min. in de bakvorm rusten; stort hem op een rooster en laat hem afkoelen.

3. **Chocoladecrème:** smelt de boter en de chocolade op laag vuur, roer het papje glad en laat het afkoelen tot een crème; af en toe roeren. Smeer tweederde van de crème bovenop de cake en tweederde op de zijkant. Spuit van de rest rozetjes langs de buitenrand.

Kokostaart

Voorbereidingstijd:
20 minuten
Baktijd:
40-45 minuten
Voor een ronde taart van ∅ 17 cm

125 g boter
220 g witte basterdsuiker
2 eieren, losgeklopt
1 tl vanille-essence
220 g bloem
2 tl bakpoeder
1,25 dl melk

Sinaasappelcrème
110 g witte basterdsuiker
80 ml water
125 g boter
2 tl sinaasappelsap
1 tl fijngeraspte sinaasappelschil
$1^1/_2$ kop geraspt of geschaafd en geroosterd kokos, ter garnering

1. Verwarm de oven voor op 180 °C. Vet een diepe, ronde bakvorm van ∅ 17 cm in. Bekleed de bodem met bakpapier. Klop met een elektrische mixer de boter en de suiker licht en romig. Voeg de eieren in beetjes toe; na elk beetje goed kloppen. Klop de essence erdoor. Schep met een metalen lepel om en om de gezeefde bloem met het bakpoeder en de melk erdoor. Roer het beslag glad, schep het in de ingevette bakvorm en strijk het glad. Bak de taart 40-45 min., tot een breinaald, waarmee u in het midden prikt, er schoon uit komt. Laat hem 10 min. in de bakvorm rusten; stort hem op een rooster en laat hem afkoelen.

2. Sinaasappelcrème: verhit de suiker en het water al roerend op laag vuur, tot de suiker is opgelost. Breng het mengsel aan de kook, temper het vuur. Laat de siroop 5 min. onafgedekt, zonder roeren doorkoken. Van het vuur halen en even laten afkoelen. Klop met een elektrische mixer de boter, het sap en de geraspte schil licht en romig. Schenk de afgekoelde siroop erbij en klop totdat het mengsel glad en luchtig is. Verdeel het over de boven- en zijkant van de cake. Druk voorzichtig een dikke laag geraspt kokos tegen de zijkant en op de bovenkant. Voor de bovenkant kunt u eventueel ook geschaafd kokos gebruiken.

Bewaartijd: in een luchtdicht afgesloten bewaardoos in de koelkast blijft deze cake 3 dagen goed, zonder de crèmelaag in de diepvries 2 maanden.

Let op: u kunt de cake ook in lagen verdelen, smeer dan crème tussen de lagen en op de cake. Hiervoor hebt u anderhalf keer de hierboven vermelde hoeveelheid nodig. Laat na stap 1 de cake helemaal afkoelen. Maak de crème zoals bij stap 2 beschreven. Snijd de cake horizontaal doormidden en bestrijk een laag met crème. Leg de tweede laag erop en bestrijk die ook met crème.

Schep met een metalen lepel om en om de gezeefde bloem met het bakpoeder en de melk erdoor.

Giet de afgekoelde siroop bij het roommengsel en klop alles glad en luchtig.

Appelkoek

Voorbereidingstijd:
25 minuten
Baktijd:
1 uur en 15 minuten

Voor een langwerpige koek

125 g boter
140 g bruine suiker
1 ei, losgeklopt
1 tl vanille-essence
1 middelgrote groene appel, geraspt
125 g bloem
125 g zelfrijzend bakmeel
2 tl kaneel
60 ml melk
1 middelgrote groene appel, extra
2 el abrikozenjam

1. Verwarm de oven voor op 180 °C. Vet een langwerpige bakvorm van 21 x 14 x 7 cm in met gesmolten boter of olie; bedek de bodem en de zijkanten met bakpapier. Klop met een elektrische mixer de boter en de suiker licht en romig. Voeg het ei in beetjes toe; na elk beetje goed kloppen. Klop de essence erdoor.
2. Voeg de geraspte appel toe. Schep met een metalen lepel om en om de droge ingrediënten en de melk erdoor. Meng het beslag en roer het glad. Schep het in de ingevette bakvorm en strijk het glad.
3. Schil de appel, verwijder het klokhuis en snijd de appel in dunne plakjes. Leg de plakjes dakpansgewijs op het beslag. Bak de koek 1 uur en 15 min., tot een breinaald, waarmee u in het midden prikt, er schoon uit komt. Laat hem 5 min. in de bakvorm rusten; haal hem uit de vorm en laat hem op een rooster afkoelen. Verhit en zeef de abrikozenjam, besmeer daarmee de bovenkant.

Bewaartijd: in een luchtdicht afgesloten bewaardoos blijft deze koek 2 dagen goed. Hij kan niet ingevroren worden.

Rozijnencake

Voorbereidingstijd:
20 minuten
Baktijd:
$1^1/_4$-$1^1/_2$ uur

Voor een cake van 20 cm

250 g boter
220 g witte basterdsuiker
3 eieren, losgeklopt
2 tl fijngeraspte citroenschil
1 tl vanille-essence
2 koppen sultanarozijnen
375 g bloem
$1^1/_2$ tl bakpoeder
170 ml karnemelk

1. Verwarm de oven voor op 160 °C. Vet een diepe, vierkante bakvorm van 20 cm in. Bekleed de bodem en de zijkanten met bakpapier.
2. Klop met een elektrische mixer de boter en de suiker licht en romig. Voeg de eieren in beetjes toe; na elk beetje goed kloppen. Meng de citroenschil en de essence erdoor.
3. Schep met een metalen lepel om en om de rozij-

Appelkoek (boven) en rozijnencake

nen, de gezeefde bloem met het bakpoeder en de melk erdoor. Meng het beslag en roer het glad. Schep het in de ingevette bakvorm en strijk het glad. Bak de cake $1^1/_4$ -$1^1/_2$ uur, tot een breinaald, waarmee u in het midden prikt, er schoon uit komt. Laat hem 20 min. in de bakvorm rusten, stort hem op een rooster. Serveren in plakken, eventueel besmeerd met boter.

Bewaartijd: de cake moet binnen een week genuttigd worden, bewaar hem in een luchtdicht afgesloten doos.

Bijensteektaart

Voorbereidingstijd:
40 minuten +
1 uur rusten
Baktijd:
45 minuten

Voor een ronde taart van ∅ 20 cm

7 g gedroogde gist
40 g zachte boter
1,9 dl water
60 g witte basterdsuiker
snufje zout
250 g bloem

Garnering
60 g boter
110 g witte basterdsuiker
1 el honing
½ kop amandelschaafsel

Custard
2 el custardpoeder
2 el suiker
1,25 dl melk
1,25 dl slagroom
75 ml zure room
2 tl vanille-essence

1. Vet een diepe, ronde bakvorm van ∅ 20 cm in. Bekleed de bodem en de zijkanten met bakpapier. Roer de gist, de boter, het water, de suiker, het zout en 190 g bloem tot een glad beslag zonder klonten. Dek dit af met plasticfolie en zet het 10-15 min. op een warme plek. Roer de rest van de bloem er kort door. Kneed het deeg op een met bloem bestoven werkvlak in 2-3 min. glad. Doe het in een met olie ingevette kom, dek die af met plasticfolie en laat het deeg 20 min. op een warme plek rusten.

Garnering: verhit de boter, de suiker en de honing zonder te koken op laag vuur, tot de boter gesmolten is. Breng het mengsel aan de kook, temper het vuur en laat de stroop 2-3 min. doorkoken. Van het vuur de amandelen erdoor roeren en even laten afkoelen.

2. Kneed het deeg op een met bloem bestoven werkvlak in 2 min. glad. Maak er een cirkel van 20 cm van en leg die in de vorm. Verdeel de garnering over het deeg zonder het op te rekken. Dek de vorm af met plasticfolie en zet hem 20-25 min. op een warme plek, tot het deeg tot bijna aan de rand gerezen is. Bak de cake in 35-45 min. in een voorverwarmde oven op 180 °C, tot een breinaald, waarmee u in het midden prikt, er schoon uit komt. Laat hem 10 min. in de bakvorm rusten, stort hem op een rooster en laat hem afkoelen. Draai de bovenkant weer naar boven.

Custard: meng het custardpoeder en de suiker. Voeg geleidelijk de melk toe. Roer het papje glad. Verhit de custard al roerend op matig vuur tot hij kookt en begint in te dikken. Giet de custard in een middelgrote kom en dek hem af met plasticfolie, zodat er geen vel op komt. Helemaal af laten koelen.

3. Snijd de cake horizontaal doormidden, leg de bodem op een serveerschaal. Klop de custard 1 min. met een elektrische mixer. Voeg de room en de essence toe; klop de custard glad en romig en smeer hem over de cakebodem. Leg de andere helft erop. Serveer de taart in punten.

Let op: de cake zakt na tweederde baktijd iets in. Dit is normaal. Het amandelmengsel kan kleine blaasjes op het oppervlak vormen. Schep als dit gebeurt het overtollige mengsel er met een theelepel af en ga door met bakken.

Verdeel het mengsel voorzichtig over het deeg zonder het uit te rekken.

Voeg de room en de essence bij de custard en klop de massa glad en romig.

Sachertaart

Voorbereidingstijd:
40 minuten
Baktijd:
40 minuten

Voor een ronde cake van ∅ 20 cm

125 g boter
110 g witte basterd-suiker
4 eieren, gesplitst
125 g pure chocolade, gesmolten en afgekoeld
90 g bloem
2 el abrikozenjam

Chocoladecrème
150 g pure chocolade
60 ml slagroom

1. Verwarm de oven voor op 180 °C. Vet een ronde bakvorm van 20 cm in. Bedek de bodem en de zijkanten met bakpapier. Klop met een elektrische mixer de boter en de suiker licht en romig. Voeg de eierdooiers in beetjes toe; na elk beetje goed kloppen.

2. Klop de chocolade erdoor. Schep met een metalen lepel de gezeefde bloem erdoor. Klop met een elektrische mixer de eiwitten in een schone, droge kom stijf. Schep met een metalen lepel de eiwitten door het chocolademengsel.

3. Schep het beslag in de ingevette bakvorm en strijk het glad. Bak de taart 40 min., tot een breinaald, waarmee u in het midden prikt, er schoon uit komt. Laat de taart 15 min. in de bakvorm rusten; stort hem op een rooster en laat hem afkoelen. Verwarm de jam in een pan of in de magnetron tot hij vloeibaar is; zeef de jam. Leg de cake ondersteboven op een rooster en smeer de jam erop.

4. Chocoladecrème: verhit de chocolade en de room al roerend op laag vuur, tot de chocolade is gesmolten en het mengsel glad is. Van het vuur halen en even af laten koelen. Verdeel de chocoladecrème gelijkmatig over de taart; houd 2 el crème achter. Spuit daarvan met een papieren spuitzakje het woord 'Sacher' op de taart. Hard laten worden.

Bewaartijd: in een luchtdicht afgesloten bewaardoos blijft deze cake een week goed.

Tip: chocoladecrème kunt u ook bereiden met minder chocolade en meer room. Dan hebt u een heerlijk luchtige taartvulling.

Roer de eierdooiers een voor een door het geklopte boter-suikermengsel.

Schep de eiwitten bij het chocolademengsel.

Smeer warme jam op de bovenkant van de afgekoelde cake.

Verdeel de chocoladecrème over de cake, houd 2 el achter voor de garnering.

Bananentaart

Voorbereidingstijd:
20 minuten
Baktijd:
1 uur en 10 minuten

Voor een ronde cake van ∅ 20 cm

125 g boter	***Botercrème***
110 g witte basterdsuiker	**125 g boter**
2 eieren, losgeklopt	**140 g poedersuiker**
1 tl vanille-essence	**1 el citroensap**
4 middelgrote, rijpe bananen, fijngeprakt	**$^1/_4$ kop amandelschaafsel, geroosterd**
1 tl zuiveringszout	
1,25 dl melk	
250 g zelfrijzend bakmeel	

1. Verwarm de oven voor op 180 °C. Vet een ronde bakvorm van 20 cm in. Bedek de bodem met bakpapier. Klop met een elektrische mixer de boter en de suiker licht en romig. Voeg de eieren geleidelijk toe; klop goed door na iedere toevoeging. Klop de essence en bananen erdoor.

2. Schep met een metalen lepel om en om gezeefd meel en melk met zuiveringszout erdoor. Meng alle ingrediënten en roer het beslag glad. Schep het in de ingevette bakvorm en strijk het glad. Bak de cake 1 uur, tot een breinaald, waarmee u in het midden prikt, er schoon uit komt.

3. Laat de cake 10 min. in de bakvorm rusten; stort hem op een rooster.

4. **Botercrème:** klop met een elektrische mixer de boter, de poedersuiker en het citroensap glad en romig. Smeer de crème over de afgekoelde cake en strooi er amandelschaafsel over.

Bewaartijd: in een luchtdicht afgesloten bewaardoos blijft deze cake een week goed, ongeglazuurd in de diepvries een maand.

Tip: heel rijpe bananen zijn het best voor dit recept omdat ze een vollere smaak hebben. Eventueel garneren met ongeroosterd kokos.

Klop de vanille-essence en de geprakte bananen door het botermengsel.

Schep om en om met een metalen lepel de bloem en de melk erdoor.

Haal de cake uit de oven en stort hem op een rooster om af te koelen.

Klop de boter, de poedersuiker en het citroensap glad en romig.

Battenbergcake

Voorbereidingstijd:
40 minuten
Baktijd:
20 minuten

Voor een langwerpige cake van 20 cm

150 g boter
170 g witte basterdsuiker
3 eieren, losgeklopt
1 tl vanille-essence
$^1/_2$ kop amandelstukjes
220 g zelfrijzend bakmeel
rode kleurstof
400 g marsepein
4 el abrikozenjam
2 el brandy

1. Verwarm de oven voor op 180 °C. Vet een ondiep bakblik van 30 x 25 x 2 cm in. Bekleed de bodem en de zijkanten met bakpapier. Deel het blik in tweeën door een reep aluminiumfolie in het midden te leggen. Klop met een elektrische mixer de boter en de suiker licht en romig. Voeg de eieren in beetjes toe; na elk beetje goed kloppen. Klop de essence erdoor. Schep met een metalen lepel de amandelen en het gezeefde meel erdoor. Roer alle ingrediënten door elkaar tot een glad beslag. Schep de helft van het beslag in de ene helft van het bakblik en strijk het glad. Roer een paar druppels rode kleurstof door de rest van het beslag en verdeel dat over de andere helft van het bakblik; gladstrijken. Bak de cake 20 min., tot een breinaald, waarmee u in het midden prikt, er schoon uit komt. Laat de cake 10 min. in het bakblik rusten; stort hem op een rooster en laat hem afkoelen.

2. Snijd de witte cake in 3 gelijke stroken; doe hetzelfde met het roze deel; werk de randen bij. Rol tussen 2 vellen bakpapier de marsepein tot een langwerpige lap die net zo lang is als de cakerepen en 6 keer zo breed als de zijkant van een cakereep. Leg een reep cake op de marsepein. Verhit de abrikozenjam en de brandy op laag vuur. Smeer dit mengsel over de cakereep. Leg een reep van de andere kleur ernaast, smeer het abrikozenmengsel erop. Herhaal dit tot er een dambordpatroon ontstaat. Smeer over de lengte van de cake rondom jambrandymengsel. Wikkel de marsepein rond de cake, maar laat de korte kanten open. Knijp de bovenrand golvend samen. Snijd met een scherp mes een ruitpatroon in de bovenkant van de cake.

Bewaartijd: de cake moet binnen een week genuttigd worden. Bewaren in aluminiumfolie in de koelkast. Zonder de marsepein kan de cake 2 maanden in de diepvries bewaard worden.

Let op: dit is oorspronkelijk een Duitse cake. De herkomst van de naam is onbekend. Sommigen beweren dat hij voor het eerst bij het huwelijk van prins Henri van Battenberg gemaakt werd, volgens anderen is hij vernoemd naar het Pruisische dorp Battenberg.

Strijk het beslag aan beide kanten van het bakblik glad.

Besmeer de cake in de lengte met het warme mengsel van jam en brandy.

Amerikaanse fruitcake

Voorbereidingstijd:
30 minuten
Baktijd:
1 uur en 30 minuten

Voor een ringcake van ∅ 20 cm

1 kop bigarreaux
½ kop gekonfijte abrikozen, fijngehakt
¼ kop gekonfijte ananas, fijngehakt
¼ kop gekonfijte gember, fijngehakt
1 kop paranoten
1 kop walnoten
2 el Grand Marnier
70 g bloem
½ tl bakpoeder
60 g boter, gesmolten
1 ei
2 el bruine suiker
3 el abrikozenjam
1 tl Grand Marnier, extra

1. Vet een ringvorm van ∅ 20 cm in. Bedek de bodem en de zijkanten met bakpapier. Besprenkel de gekonfijte vruchten en de noten met Grand Marnier en roer alles door elkaar. Laat het mengsel 1 uur rusten; af en toe roeren.
2. Voeg de gezeefde bloem en het bakpoeder toe. Klop de boter, het ei en de suiker door elkaar en roer het geheel door het vruchtennotenmengsel.
3. Schep het mengsel in de ingevette bakvorm en druk het met een vochtige hand glad. Bak de cake 1½ uur in een op 160 °C voorverwarmde oven tot hij stevig aanvoelt. Laat hem 30 min. in de bakvorm rusten; stort de cake op een rooster en laat hem afkoelen.
4. Verwarm de jam in een pan of in de magnetron tot hij vloeibaar is. Zeef de jam en roer er Grand Marnier door. Smeer het nog warme jammengsel op de boven- en zijkant van de cake.

Bewaartijd: in een luchtdicht afgesloten bewaardoos in de koelkast blijft deze cake 3 maanden goed.

Variant: u kunt ook andere vruchten, zoals gekonfijte perziken, en andere noten, zoals pecannoten of hazelnoten, gebruiken. Serveren in plakjes.

Let op: leuk ingepakt met een lint erom is deze cake een mooi zelfgemaakt kerstcadeau voor familie of vrienden.

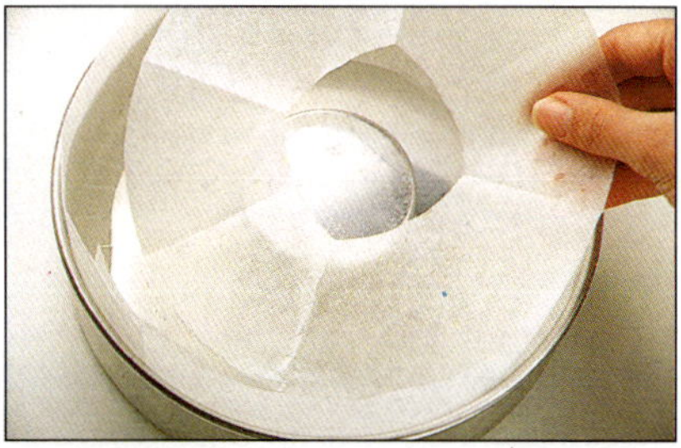

Bedek de bodem en de zijkanten van een ingevette ringvorm met bakpapier.

Voeg de gezeefde bloem en het bakpoeder aan het vruchtenmengsel toe.

Strijk met vochtige handen het oppervlak van het beslag glad.

Besmeer de boven- en zijkant van de cake met het mengsel van jam en Grand Marnier.

Engelse feesttaart

Voorbereidingstijd:
1 uur
Baktijd:
3½ uur

Voor een vierkante taart van 23 cm

1 kg gemengde droge vruchten
¾ kop gedroogde vijgen, fijngehakt
1 kop dadels, fijngehakt
1 kop bigarreaux, fijngehakt
1 kop sukade- en oranjesnippers
1,6 dl rum
375 g boter
300 g bruine suiker
6 eieren, losgeklopt
4 el abrikozenjam
280 g bloem
140 g zelfrijzend bakmeel
3 tl koekkruiden

Fondantglazuur
1 kg poedersuiker
1 el gelatine
1,25 dl water
1,25 dl vloeibare glucose
1 el glycerine
185 g poedersuiker, extra

750 g marsepein
4 el abrikozenjam, extra
2 eiwitten, losgeklopt

1. Verwarm de oven voor op 150 °C. Vet een vierkante bakvorm van 23 cm in. Bedek de bodem en de zijkanten met bakpapier. Doe alle vruchten in een kom, voeg de rum toe en meng alles door elkaar. Klop met een elektrische mixer de boter en de suiker licht en romig. Voeg de eieren in beetjes toe; na elk beetje goed kloppen. Klop de jam erdoor. Meng het botermengsel door de vruchten. Schep met een metalen lepel de gezeefde bloem en het bakmeel erdoor. Verdeel het beslag over de ingevette bakvorm; besprenkel het met koud water en strijk het glad met een vochtige hand. Tik het bakblik zachtjes tegen het aanrecht zodat het beslag goed zakt. Wikkel tegen verbranden een dubbele laag bruin papier om de buitenkant; vastzetten met een paperclip. Bak de cake 3½ uur, tot een breinaald, waarmee u in het midden prikt, er schoon uit komt. Laat de cake helemaal afkoelen in de bakvorm en keer hem op een rooster.

2. Fondantglazuur: zeef de poedersuiker. Meng de gelatine met koud water, voeg de glucose toe en verwarm het geheel op laag vuur, tot de gelatine is opgelost. Roer van het vuur af de glycerine erbij; 1 min. laten afkoelen. Maak een kuiltje in het midden van de poedersuiker en giet daar het gelatinemengsel in. Meng alles met een houten lepel. Kneed het mengsel met de hand tot een deegachtige massa. Kneed het mengsel op een glad, met extra poedersuiker bestoven werkvlak goed glad en soepel - het moet op boetseerklei lijken. Verpak het tot gebruik strak in plasticfolie; niet in de koelkast leggen. Leg de taart ondersteboven op een groot bord of een beklede snijplank. Stop marsepein in alle kleine gaatjes in het oppervlak. Verwarm en zeef de jam en besmeer er de taart mee. Bewerk de marsepein met de hand tot een soepele massa. Rol de marsepein op een met poedersuiker bestoven werkvlak uit tot een lap van 5 mm dik. Til die op de deegroller op de taart, snijd hem bij tot hij op de cake past en knijp de hoeken samen. Besmeren met eiwitten. Rol de fondant uit op een licht met poedersuiker bestoven werkvlak tot een lap van 7 mm dik - in dezelfde vorm als de taart. Til de lap op de deegroller op de taart. Vouw het glazuur over de zijkanten en de onderkant van de taart.

Bestuif uw handen met poedersuiker en wrijf de bovenkant en de zijkanten van de taart glad. Snijd overtollig glazuur aan de onderkant weg. Decoreren naar smaak.

Bewaartijd: verpakt in plasticfolie in de koelkast blijft deze cake 3 maanden goed.

Wikkel bruin papier om het bakblik en zet dat vast met een paperclip.

Kneed het fondantmengsel met de hand tot een gladde, deegachtige massa.

Sinaasappel-maanzaadtaart

Voorbereidingstijd:
40 minuten
Baktijd:
1 uur

Voor een ronde taart van ∅ 20 cm

½ kop maanzaad	***Botercrème***
1,6 dl sinaasappelsap	**150 g witte basterdsuiker**
185 g boter	**80 ml sinaasappelsap**
110 g witte basterdsuiker	**1 fijngeraspte sinaasappelschil**
2 eieren, losgeklopt	**150 g boter**
3 tl fijngeraspte sinaasappelschil	
70 g zelfrijzend bakmeel	
140 g bloem	

1. Verwarm de oven voor op 180 °C. Vet een ronde bakvorm van ∅ 20 cm in. Bekleed de bodem met bakpapier. Meng het maanzaad en het sinaasappelsap. Klop met een elektrische mixer de boter en de suiker licht en romig. Voeg de eieren in beetjes toe; na elk beetje goed kloppen. Klop de geraspte schil erdoor.

2. Schep met een metalen lepel om en om het gezeefde meel en het maanzaad erdoor. Meng alles tot een glad beslag. Giet dat in de ingevette bakvorm en strijk het glad. Bak de cake 45 min., tot een breinaald, waarmee u in het midden prikt, er schoon uit komt. Laat hem 10 min. in de bakvorm rusten; stort de cake op een rooster en laat hem afkoelen.

3. Botercrème: verhit de suiker en het sinaasappelsap al roerend zonder te koken op matig vuur, tot de suiker is opgelost. Voeg de sinaasappelschil toe, breng het mengsel aan de kook en laat het 5 min. onafgedekt, zonder roeren doorkoken. Van het vuur halen en even laten afkoelen. Haal de schil uit de suikersiroop en leg hem apart. Laat de siroop helemaal afkoelen. Klop met een elektrische mixer de boter licht en romig. Giet langzaam de siroop erbij, klop tot alles is toegevoegd en het mengsel glad en luchtig is.

4. Snijd de taart horizontaal doormidden. Verdeel de helft van de botercrème over een cakehelft. Leg de andere helft erop en smeer daar de rest van de crème op. Garneren met de sinaasappelschil.

Meng het maanzaad en het sinaasappelsap in een schaaltje.

Schep het beslag in een ingevette bakvorm en strijk het glad.

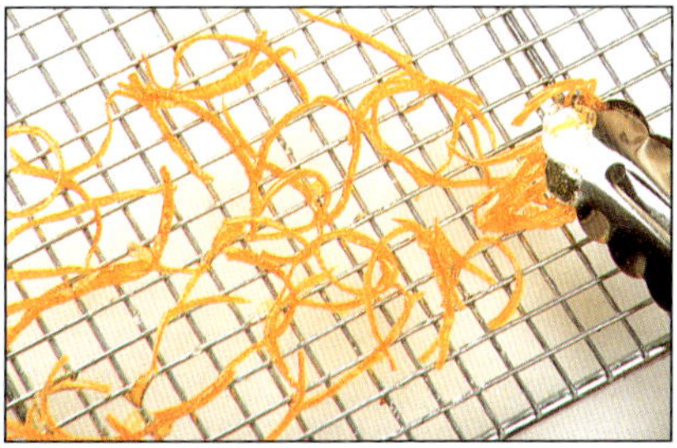

Haal de sinaasappelschil uit de suikersiroop en leg hem op een rooster te drogen.

Snijd de cake doormidden en smeer crème op de onderste helft.

Omgekeerde ananastaart

Voorbereidingstijd:
20 minuten
Baktijd:
40 minuten

Voor een ringcake van ∅ 20 cm

20 g boter, gesmolten
2 el bruine suiker
440 g ananasschijven (blik) op eigen sap
90 g boter
110 g witte basterdsuiker
2 eieren, losgeklopt
1 tl vanille-essence
140 g zelfrijzend bakmeel

1. Verwarm de oven voor op 180 °C. Vet een ringvorm van ∅ 20 cm in. Giet gesmolten boter op de bodem en draai de vorm om de boter te verdelen. Strooi bruine suiker over de boter. Giet ananas af, houd 80 ml sap achter. Snijd de schijven doormidden en leg ze op de suiker.

2. Klop met een elektrische mixer de boter en suiker licht en romig. Voeg de eieren in beetjcs toe; na elk beetje goed kloppen. Meng de essence erdoor.

3. Schep met een metalen lepel om en om het gezeefde meel en sap erdoor.

4. Verdeel het beslag over de ananas en strijk het glad. Bak de taart 35-40 min., tot een breinaald, waarmee u in het midden prikt, er schoon uit komt. Laat hem 10 min. in de vorm rusten; keer de taart op een rooster en laat hem afkoelen.

Zwitserse jamrol

Voorbereidingstijd:
30 minuten
Baktijd:
12 minuten

Voor een rol

70 g zelfrijzend bakmeel
40 g bloem
3 eieren
110 g witte basterdsuiker
2 el witte basterdsuiker, extra
4 el aardbeienjam
1,25 dl slagroom, geklopt

1. Verwarm de oven voor op 210 °C. Vet een bakblik van 30 x 25 x 2 cm in. Bekleed de bodem en twee zijkanten met bakpapier. Zeef het bakmeel 3 keer op een vel bakpapier. Klop met een elektrische mixer de eieren in 5 min. dik, luchtig en licht. Voeg de suiker geleidelijk toe. Klop tot de suiker is opgelost en het mengsel licht en glanzend is. Schep snel en luchtig met een metalen lepel de bloem erdoor.

3. Verdeel het beslag over het ingevette bakblik en strijk het glad. Bak de cake 12 min., tot een breinaald, waarmee u in het midden prikt, er schoon uit komt. Stort de cake op een droge schone theedoek bedekt met bakpapier waarover extra witte basterdsuiker is gestrooid; 1 min. wegzetten. Rol vanaf de korte kant de cake en het papier met behulp van de theedoek op. Laat de cake 5 min. afkoelen.

Omgekeerde ananastaart (boven) en Zwitserse jamrol

4. Rol de cake terug en verwijder het papier. Bestrijk de cake met jam en rol hem weer op. Werk met een mes de zijkanten bij. Serveren in plakjes.

Simnelcake

Voorbereidingstijd:
40 minuten
Baktijd:
1 3/4-2 uur

Voor een ronde cake van ∅ 17 cm

500 g marsepein
185 g boter
200 g bruine suiker
1 tl fijngeraspte citroenschil
4 eieren, losgeklopt
160 g zelfrijzend bakmeel
90 g volkorenbloem
1 tl bakpoeder
1 kop sultanarozijnen
1/2 kop bigarreaux, gehalveerd
1 1/4 kop krenten
2 el abrikozenjam

1. Verwarm de oven voor op 160 °C. Vet een diepe bakvorm van ∅ 17 cm in. Bedek de bodem en de zijkanten met bakpapier. Rol tussen 2 vellen bakpapier 300 g marsepein uit. Snijd er met behulp van een bord een cirkel van ∅ 20 cm uit, dek die af en zet hem weg. Doe hetzelfde met de rest van de marsepein.
2. Klop met een elektrische mixer de boter, suiker en citroenrasp licht en romig. Voeg de eieren in beetjes toe; na elk beetje goed kloppen. Meng 2 el van het gezeefde meel en het bakpoeder erdoor zodat het mengsel niet schift. Schep er met een metalen lepel de rest van het meel en de bloem met vliesjes en al door. Voeg de vruchten toe en meng alles tot een glad beslag. Schep de helft van het beslag in de ingevette bakvorm en strijk het glad, leg de ronde plak marsepein van 200 g erop en druk die aan. Schep de rest van het beslag erop en strijk het glad. Bak de cake 1 uur. Temper de oven tot 150 °C en bak de cake weer 45-60 min., tot een breinaald, waarmee u in het midden prikt, er schoon uit komt. Haal hem uit de oven en laat hem afkoelen.
4. Smeer de jam op de bovenkant. Leg de andere marsepeincirkel erop en knijp ter garnering de rand in. Zet de cake onder de grill en laat hem lichtbruin worden. Bestrooien met poedersuiker en garneren met gekleurde marsepeineitjes. Wikkel een breed lint om de cake.

Bewaartijd: deze cake moet binnen 4 weken genuttigd worden omdat hij geen alcohol bevat en er marsepein in verwerkt is. Bij vochtig weer in een luchtdicht afgesloten bewaardoos in de koelkast zetten.

Let op: dit is een traditionele Engelse vruchtencake voor Pasen, maar hij werd ook wel voor moederdag gebakken omdat deze dag in de vastentijd viel. De bovenkant wordt soms met 12 balletjes van restjes marsepein gegarneerd die de apostelen moeten voorstellen. Een paaskuiken op de eitjes maakt het geheel compleet.

Schep de rest van het beslag bovenop de marse-pein.

Smeer de abrikozenjam op de bovenkant van de afgekoelde cake.

Botercake

Voorbereidingstijd:
20 minuten
Baktijd:
45 minuten

Voor een ronde cake van ∅ 20 cm

125 g boter
170 g witte basterdsuiker
2 eieren, losgeklopt
1 tl vanille-essence
250 g zelfrijzend bakmeel
1,25 dl melk

Botercrème
60 g boter
60 g poedersuiker
1 tl vanille-essence

1. Verwarm de oven voor op 180 °C. Vet een ronde bakvorm van ∅ 20 cm in. Bedek de bodem met bakpapier. Klop met een elektrische mixer de boter en de suiker licht en romig. Voeg de eieren in beetjes toe; na elk beetje goed kloppen. Meng de essence erdoor.

2. Schep met een metalen lepel om en om het gezeefde meel en de melk erdoor. Meng alles even en roer het beslag bijna glad.

3. Schep het beslag in de ingevette bakvorm en strijk het glad. Bak de cake 45 min., tot een breinaald, waarmee u in het midden prikt, er schoon uit komt. Laat hem 10 min. in de bakvorm rusten; stort de cake op een rooster en laat hem afkoelen.

4. Botercrème: klop met een elektrische mixer de boter en de gezeefde poedersuiker licht en romig. Voeg de essence toe, klop alles in 2 min. tot een gladde en luchtige massa. Smeer de crème met een spatel op de cake. Eventueel garneren met gehakte amandelen of andere noten.

Bewaartijd: botercake met crème blijft in de koelkast in een luchtdicht afgesloten bewaardoos 2 dagen goed. In de diepvries blijft hij, zonder crème en strak in plasticfolie verpakt, een maand goed.

Voeg de eieren geleidelijk bij het boter-suikermengsel, klop goed na iedere toevoeging.

Roer het beslag glad, nadat u er het bakmeel en de melk aan toegevoegd hebt.

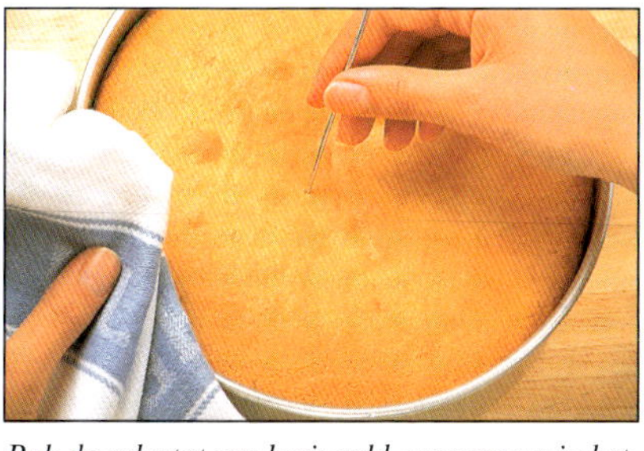

Bak de cake tot een breinaald, waarmee u in het midden prikt, er schoon uit komt.

Klop de boter en de suiker met een elektrische mixer.

Botercakevariaties

Minicakejes

Volg het botercakerecept tot en met stap 2. Leg papieren cakevormpjes in een bakvorm voor 12 cakejes. Schep een afgestreken el botercakebeslag in ieder vormpje. Bak de cakejes in 10-15 min. goudbruin. Laat ze 5 min. in de bakvorm rusten; zet ze op een rooster en laat ze afkoelen. Doe nieuwe papieren cakevormpjes in de bakvorm en herhaal de procedure tot u 36 cakejes hebt.

Geglazuurde minicakejes

Bereid het glazuur zodra de cakejes zijn afgekoeld. Roer in een vuurvast schaaltje 180 g poedersuiker, 2 tl boter en 3 tl kokend water tot een stevige massa. Verwarm de massa au bain marie tot hij glad en glanzend is. Van het vuur halen en kleurstof toevoegen. Smeer op elk cakeje een beetje glazuur. Eventueel versieren met kleurige decoratiehagel of garneerconfetti. Hard laten worden. Voor 36 cakejes.

Vlindercakejes

Snijd van elk minicakeje een kapje van 1-2 cm, zodra de cakejes afgekoeld zijn. Snijd de kapjes doormidden voor de 'vleugels'. Schep in elk cakeje $^{1}/_{2}$ tl frambozen- of abrikozen jam en daarop 1 tl geklopte slagroom. Zet de vleugels erin. Spuit in het midden extra geklopte slagroom met wat jam erop. Bestrooien met poedersuiker. Voor 36 cakejes.

Marmercake

Verdeel het botercakebeslag in 3 gelijke porties. Roer 2-3 druppels kleurstof door één portie. Roer 1 el cacao en 2 tl melk door de tweede portie. Schep beide

porties om en om in een ronde bakvorm van 20 cm en draai met een breinaald de kleuren door elkaar. Bak de cake 40-45 min., tot een breinaald, waarmee u in het midden prikt, er schoon uit komt. Laat de cake 10 min. in de bakvorm rusten; stort hem op een rooster en laat hem afkoelen. Eventueel met de crème uit het botercakerecept garneren of met uw eigen favoriete chocoladeglazuur. Naar keuze bestrooien met een mengsel van gezeefde poedersuiker en cacao.

Marmeladecake

Vet een bakvorm van 20 x 30 cm in. Bedek de bodem en de zijkanten met bakpapier. Volg het botercakerecept tot het eind van stap 1. Voeg 1 extra ei en 4 el marmelade toe. Vervolg met stap 2 en schep het beslag in de ingevette bakvorm; strijk het glad. Bak de cake 25-30 min. in een oven van 180 °C, tot een breinaald, waarmee u in het midden prikt, er schoon uit komt. Laat 10 min. in de bakvorm rusten; stort de cake op een rooster. Laat hem afkoelen. Bereid hetzelfde glazuur als voor de minicakejes, maar gebruik citroen- of sinaasappelsap in plaats van water. Voeg 2 tl geraspte citroen- of limoenschil toe. Smeer het glazuur op de cake. Naar keuze decoreren en hard laten worden. In driehoekjes of vierkantjes snijden.

Van links naar rechts: geglazuurde minicakejes, vlindercakejes, marmercake en marmeladecake

Register